D1917346

Im Dunkel glüht der Funke Hoffnung

Im Dunkel glüht der Funke Hoffnung

herausgegeben von
Claudia Peters

Eschbach

Bibliographische Information der Deutschen Nationalbibliothek:
Die Deutsche Nationalbibliothek verzeichnet diese Publikation in der Deutschen Nationalbibliographie; detaillierte bibliographische Daten sind im Internet über http://dnb.d-nb.de abrufbar.

ISBN 978-3-88671-670-8

Im Alten Rathaus / Hauptstr. 37
D-79427 Eschbach / Markgräflerland

www.verlag-am-eschbach.de

Umschlagbild und Gestaltung: Ulli Wunsch, Wehr.
Satz: Schwabenverlag Media der Schwabenverlag AG, Ostfildern-Ruit.
Druck: Süddeutsche Verlagsgesellschaft Ulm.

Inhalt

EINLEITENDE WORTE

Wenn ein geliebter Mensch von uns genommen wird, gerät unsere Welt aus den Fugen. Wir halten verstört inne und können es oft nicht fassen.

Zu unserem Schmerz über den Verlust gesellen sich Angst und viele Fragen: Wo ist der Tote jetzt? Ist er einfach nur weg? Gibt es ein Leben nach dem Tod? Wie soll die Lücke, die er hinterlässt, je wieder gefüllt werden? Wie soll es weitergehen?

Das vorliegende Büchlein möchte ein einfühlsamer und mitfühlender Begleiter sein für alle, die trauern oder sich mit Verlusten auseinander setzen müssen. Sensible Texte fassen die Verunsicherung in Worte, wenn nichts mehr ist, wie es war und ermutigt dazu, der Trauer Raum zu geben, in dem Wissen, dass Tränen keine Tropfen sind, sondern kistallener Schmerz.

Ermutigende Worte, Erfahrungsberichte und Geschichten helfen, im Dunkel den glühenden Funken Hoffnung zu sehen.

Ich wünsche Ihnen, lieber Leser, liebe Leserin, dass auch Sie die Erfahrung von „Oasen in der Wüste“ machen, wie es Christa Spilling-Nöker in einem Gedicht formuliert.

Herzlichst, Ihre Claudia Peters

Nichts ist mehr, wie es war

BEGRÄBNIS-BLUES

Die Uhren stoppt, reißt aus das Telefon,
Ein Knochen für den Hund, dann schweigt er schon,
Nein, kein Klavier, nur Trommeln, dumpf und schwer.
Tragt raus den Sarg, die Trauernden ruft her.

Flugzeuge solln im tristen Morgenrot
Groß an den Himmel schreiben: „Er ist tot",
Die weißen Taubenhälse sollen schwarze Kragen,
Die Polizisten schwarze Handschuh tragen.

Er war mein Nord, mein Süd, mein Ost, mein West,
Mein Werk- und Feiertag, mein Dienst, mein Fest,
Mein Wort, mein Lied, mein Mittag, meine Nacht;
Die Liebe stirbt nicht, dacht ich; falsch gedacht.

Den Sternen sagt: „Wir wolln euch nicht, geht unter!"
Packt ein den Mond und reißt die Sonne runter;
Kippt weg das Meer, den Wald lasst überfluten,
Denn nichts mehr wendet sich ab jetzt zum Guten.

W.H. Auden

WARUM?

Warum ist denn der gestorben?
Und wohin?
Und ist er morgen auch noch tot?
Auf seinem Grab, da blüht es rot.
Doch da ist nur sein Körper drin.
Seine Furcht und sein Glück,
seine Traumgestalten,
und was in seinen Worten enthalten,
ist nicht mit Erde zugedeckt.
Wo hält sich das alles versteckt?
Was er gehofft hat und geliebt,
obs das noch gibt?
Ob es einer weiß?
Und versteht,
wohin alles geht?

Gina Ruck-Pauquèt

SCHWEIGEN

Du bist nicht mehr?
Wer druckte diese Lüge
Auf schwarzgerahmtem Papier?
Dieser Teppich weiß noch
von deinem Schritt,
dein Lächeln
wirft der Spiegel wider,
und deine Hand ist es, die
die Noten umblättert
am Klavier.

Oder war es der Wind des Abends,
in den du hinausgegangen bist
für immer?
Durch welches Tor?

Aus allen Ecken
Kriecht das Schweigen.

VerfasserIn unbekannt

TODESFOLGEN

Ausgehändigtes Beileid
widerstandslos
mit dem Druck meiner Hand
bezahlen
begreifen
daß deine Hände unfaßbar
geworden sind

Überlieferten Worttrost
sinnlos
hinter verwaisten Lippen
schmecken
aneignen
daß dein Mund unberührbar
geworden ist

Jeden künftigen Augenblick
deine Augen blick-los
deine Stimme ton-los
deine Liebe atem-los

Mit Anteil an allem
-- los und bar –
muß ich
das Amen versuchen

Christa Peikert-Flaspöhler

NICHT BEI TROST

bei trost hätt ich frieden
bei trost hätt ichs gut
doch trost ist verreist:
anstatt bei ihm
bin ich wieder
bei mir.

Kurt Marti

ANGST IN DER NACHT (1918)

Die Uhr spricht ängstlich mit dem Spinnweb an der Wand,
Am Laden reißt der Wind,
Meine flackernden Kerzen sind
Ganz vertropft und heruntergebrannt,
Kein Wein im Glas mehr,
Schatten in allen Ecken,
Deren langen Finger sich nach mir strecken.

Wie in der Kinderzeit
Schließ ich die Augen und atme schwer,
Angst hält mich kauernd im Stuhl gefangen.

Aber keine Mutter kommt mehr,
Keine gute, scheltende Magd mehr gegangen,
Die mich am Arm nimmt und mir die schreckliche Welt
Freundlich entzaubert und neu mit Trost erhellt.
Lange blieb ich im Finstern kauern,
Höre den Wind im Dach und den knisternden Tod in den Mauern,

Höre Sand hinter Tapeten rinnen,
Höre den Tod mit frierenden Fingern spinnen,
Reiße die Augen auf, will ihn sehen und greifen,
Sehe ins Leere und höre ihn fern
Aus den spöttischen Lippen leise pfeifen,
Taste zum Bett – schliefe, schliefe so gern!
Aber Schlaf ist ein scheuer Vogel geworden,
Schwer zu fangen, zu halten, doch leicht zu morden;
Pfeifend fährt er, die Stimme voll bitterem Hohn,
Sausenden Fluges im zerrenden Winde davon.

Hermann Hesse

AUGUSTINUS ÜBER DEN TOD EINES FREUNDES

Durch diesen Schmerz kam eine tiefe Finsternis über mein Herz, und wo ich hinsah war der Tod. Die heimatliche Stadt ward mir zur Qual, das väterliche Haus zu einer sonderbaren Unglücksstätte, und jedwedes Ding, das ich mit ihm gemeinsam besessen hatte, wurde mir nun ohne ihn zur unendlichen Pein. Überall suchten meine Augen ihn und er wurde mir nicht gegeben; ich haßte alles, weil es ihn nicht hatte und mir nicht mehr sagen konnte: Siehe, er kommt, so wie es, als er noch lebte, war, wenn er einmal abwesend war. Ich war mir selbst zu einer einzigen großen Frage, und forschte ich in meiner Seele, warum sie traurig sei, warum sie mich so sehr verwirre, so wußte sie mir nichts zu antworten. Und wenn ich zu ihr sagte: Hoffe auf Gott, so gehorchte sie nicht und hatte recht, weil dieser Mensch, den sie als teuerstes verloren hatte, besser war und wahrer als das Trugbild, das ich ihr als Hoffnung gab. Nur noch das Weinen war mir süß und nahm in meinen Herzensfreuden die Stelle meines Freundes ein … Wie richtig hat einmal einer seinen Freund die Hälfte seiner Seele genannt (Horaz, Od.1,3)! Denn ich habe meine und seine

Seele als eine einzige in zwei Körpern empfunden und deshalb schauderte mich vor dem Leben, weil ich nicht als Halber leben wollte.

PLÖTZLICH

Mit einem Schlag ist plötzlich alles anders
Zuvor Wichtiges wird unwichtig
Alle Selbstverständlichkeiten stehen in Frage
Es gibt kein Gestern mehr und kein Morgen ist
denkbar
Nur den Moment, und der ist kaum auszuhalten
– Stillstand –
Und doch,
wird Wichtiges wieder an Bedeutung gewinnen
Und doch,
wird es Antworten geben, die vielleicht ganz neue
Wirklichkeiten eröffnen.
Und doch,
wird es wieder ein Morgen geben, auch wenn
dieser mitunter ganz anders
aussehen wird
Vielleicht nicht morgen
Vielleicht nicht übermorgen
Aber irgendwann ganz sicher

Andrea Abele

SCHMERZ

Schattengesichter
durch Fenster und Türen

Ein fader Geschmack auf der Zunge
das Brennen hinter den Augen
und das Warten
hilfloses Warten
beim langsamen Gang der Uhr

Die Pulse dröhnen
zerschlagen mein Denken
vergewaltigen meinen Herzschlag
bis der Schlaf kommt
oder die Ohnmacht

Bis der Schrei sich versöhnt
mit dem Rauch
mit dem Tau

Bis er dunkel wird
feucht
und schwer

Bernd Kebelmann

DAS WORT

Keins seiner Worte
Glaubte ich, hätte er nicht
Geschrien: Gott, warum
Hast du mich verlassen.

Das ist mein Wort, das Wort
Des untersten Menschen.

Und weil er selber so weit unten war, ein
Mensch, der „Warum“ schreit und
Schreit „Verlassen“, deshalb könnte man
Auch die anderen Worte,
die von weiter oben,
vielleicht
ihm glauben.

Rudolph Otto Wiemer

Ich habe einen wichtigen Teil meines Lebens verloren.
Ein Teil meiner eigenen Welt ist Vergangenheit.
Mein Leben und meine Welt geraten dadurch ins Wanken.
So wie bisher wird nichts mehr sein.
Eines Tages wird es weitergehen. Ich weiß nicht wann,
ich weiß auch nicht wie.
Ich weiß nur, dass es anders sein wird.
Heute kann ich mir das noch kaum vorstellen, ich möchte nur festhalten.
Erst langsam wird sich meine Trauer in eine Bereitschaft verwandeln,
nach dem neuen Leben zu fragen und nach meiner neuen Welt in mir und um mich.
Erst später werde ich daran mitwirken und auch die vielen Möglichkeiten erkennen,
die in diesem Neubeginn liegen.

Rainer Haak

ZERBROCHEN, ZERRÜTTET UND ZERFALLEN

Zerbrochen unsere Hoffnungskraft
zerrüttet unser Urvertrauen
zerfallen unsere Fröhlichkeit
zerschnitten unser Lebensnetz

Dich lassen zu müssen
füllt viele Tränenkrüge
laugt uns innerlich aus
schneidet uns ab vom Festland

Wir tauchen ein ins Meer der Verzweiflung
lassen uns tief fallen im Schmerz
kommen an im zerbrochenen Glaubensgrund
der immer noch von der Liebe zu dir erzählt

Wir tauchen auf in ein Leben ohne dich
lassen uns viel Zeit zum Trauern und Klagen
tasten behutsam nach neuer Lebenskraft
halten Ausschau nach einem Hoffnungshorizont

Pierre Stutz

Meine großen Entwürfe
wirken eitel

meine großen Worte
fad und leer

meine großen Pläne
wisch ich müde beiseite

was jetzt trägt
sind ganz kleine Worte

du
da
ja

Elisabeth Bernet

ICH WILL DIR SAGEN, WAS DIR HILFT:

Weinen, weil du verlassen bist, denn du bist es.
Weil dir kalt ist. Es ist wirklich kalt.
Weil dir das Weh das Herz zusammenzieht,
mehr als irgendeiner von uns ermisst.
Du brauchst nicht unter der Eisdecke zu leben.

Schreien, auch wenn es jemand hört.
Ich verstehe es, wenn du zornig bist
Über das Unrecht, was dich getroffen hat.
Wenn du wütend bist auch auf Gott,
der das zugelassen oder gar gewollt hat.
Auch Hiob klagte Gott mit harten Worten an.

Verstummen, wenn du das Gefühl hast,
der andere könne dich nicht verstehen.
Wenn du zu müde bist, zu reden,
oder wenn du dich aufeine seltsame
und grausame Weise, schuldig fühlst.

Eines Tages wird es nicht mehr so wichtig sein,
zu weinen oder zu schreien. Aber jetzt ist es gut.
Und jetzt soll es dir niemand verwehren.

Jörg Zink

SICH DER TOTEN ERINNERN

Verlieren wir einen geliebten Menschen, erfasst uns Trauer, die unsere Gefühle lange lähmen kann. Menschen, die wir lieben, werden ein Teil von uns selbst. Unser Denken, Fühlen, und Handeln werden von ihnen mitbestimmt. Unser Vater, unsere Mutter, unser Gatte, unsere Gattin, unsere Kinder und Freunde – alle von uns geliebten Menschen leben in unserem Herzen. Sterben sie, muss auch ein Teil von uns sterben.

Trauern ist das langsame und schmerzliche Abschiednehmen von einem Menschen, der Teil unseres Inneren geworden ist. (…) Manchmal dauert es ein ganzes Jahr, bis unser Herzu wirklich Abschied genommen, „Lebewohl" gesagt ha; und unsere Trauer sich legt. Doch in dem wir unsere Verstorbenen nicht festhalten und von uns gehen lassen, können sie uns ihren Geist der Liebe senden und Teil unseres geistlichen Inneren werden. So können wir uns ihrer erinnern, und so können sie zu unseren treuen Begleitern auf unserer geistlichen Reise zu Gott werden.

Henri J. M. Nouwen

MANCHMAL ÖFFNET SICH EIN FENSTER

Dein Platz ist leer
du fehlst
unbeschreiblich ist mein Schmerz
der mein ganzes Sein umhüllt

Dich suche ich bei Tag und bei Nacht
durchquere alle Zimmer unseres Hauses
tauche ein in die Erinnerung
die meinen Tränenfluss nährt

Manchmal öffnet sich ein Fenster zur Ewigkeit
ich spüre tief die bleibende Verbundenheit
niemand kann uns nehmen
was wir miteinander erlebt und erhofft haben

Fest umwoben ist mein Trauerhaus
mit so viel Abgestorbenem und Aufblühendem
beides wird mich sehr lange begleiten
damit mein Vertrauen wirklich wachsen kann
dich in Gottes Geborgenheit lassen zu können

Pierre Stutz

DACH DER HOFFNUNG

Wenn die Tage ihr Licht verlieren
und die Trauer dich unter sich begräbt,
dann wünsche ich dir,
dass einer da ist, dem du
deine Dunkelheit sagen kannst,
der den Weg durch die vielen Warum
geduldig mit dir geht
und deine Angst nicht hinwegredet.

Ich wünsch dir einen Ort,
wo du weinen kannst,
über Verlorenes,
ein verstehendes Herz,
dem du Zorn und Bitterkeit
nicht verschweigen musst.

Einen Menschen wünsch ich dir,
der dich unter das Dach
seiner Hoffnung nimmt.

Antje Sabine Naegeli

AUF ZWEI GEFAHREN ZU ACHTEN IST WICHTIG.

Die eine erkennst du, wenn du dir zuhörst,
wie du ihn immer wieder zurückrufen willst.
Du darfst das tun. Aber es heilt nicht.

Mit diesem Wunsch machst du dir das Herz schwerer
und deinen Weg sinnloser.
Nicht das ist ja das Ziel,
dass die Toten zurückkommen oder wir sie festhalten,
sondern dass wir ihnen nachgehen;
dass wir unseren Weg auf dieser Erde so gehen,
dass es uns näher zu ihnen hinführt.

Ich glaube auch,
dass die Toten es wohl empfinden,
mit welchen Gedanken wir zu ihnen hindenken.
Also schicke deine besten Empfindungen hinüber,
deine Liebe und Dankbarkeit
und deine Bereitschaft loszulassen.
Schick dein Gebet hinüber,
für ihn und für alle, die drüben sind.
Gib ihm seinen neuen Weg frei
und bereite dich darauf vor, ihn zu finden,
wenn du selbst hinüberkommst.

Jörg Zink

DEIN ENGEL

Wenn
Finsternis
dich ganz umschließt
und du
kein Fünkchen
Licht mehr siehst.
Wenn
dich dein
Alltag fast erdrückt,
kein
Leuchten mehr
dein Antlitz schmückt,
dann wünsch
ich dir
in dunkler Nacht,
dass stets
dein Engel
bei dir wacht
und dich
in deinem
Schmerz erreicht
damit
das Dunkel
von dir weicht.

Wenn
Kummer
dir die Hoffnung nimmt,
die Welt
dich nur noch
traurig stimmt.
Wenn
dich die Trauer
fast erstickt
kein
Lächeln mehr
Dein Antlitz schmückt,
dann wünsch
ich dir
in dunkler Nacht,
dass stets
dein Engel
bei dir wacht
und dich
mit seinen
Flügeln streift
damit
die Trauer
Von dir weicht.

Marion v. Vlahovits

Gott segne dich an allen Tagen deines Lebens,
und wenn dich das Gefühl beschleicht,
wieder einmal alles falsch zu machen,
dann lenke Gott deinen Blick auf das Gelungene

und wenn dich die Verzweiflung überflutet,
über die Ausweglosigkeit deiner Situation,
dann hülle Gott dich in wärmende Geborgenheit

und wenn die Traurigkeit über dich hereinbricht,
wie die Dunkelheit am Abend,
dann nehme Gott dich tröstend in seine Arme

und wenn Schuld dich begleitet,
wie ein dunkler Schatten bei jedem Schritt,
dann befreie dich Gott, der dich erlösen möchte

und wenn du Gott in all seinem Tun an dir nicht erkennst,
dann achte auf die Engel,
die in seinem Namen und in seinem Auftrag für dich unterwegs sind.

So segne dich Gott an allen Tagen deines Lebens.

Andrea Abele

ANDERS

Ich habe mir oft vorgestellt, wie es sein wird,
wenn der Tod eintritt.
Jetzt ist er eingetreten und es ist alles ganz anders.

Wie oft , mein Gott,
muss ich noch sagen
Es ist alles ganz anders!
Wie oft, mein Gott,
darf ich es noch sagen:
Es ist alles ganz anders!

Angelika Daiker / Anton Seeberger

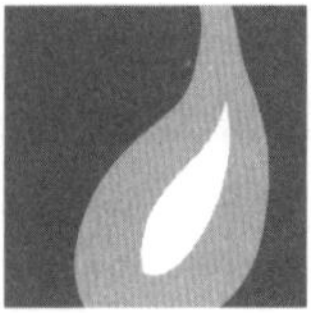

Tränen
sind
keine
Tropfen
– sie sind
kristallener
Schmerz

Tränen sind keine bloßen Tropfen.
Tränen sind Kristalle von Schmerz.
Tränen sind Ausgeschwemmtes von Leid.
Wird da ein Damm gegen übermäßige Ausschwemmungen von Leid gebaut? –
Ist Gott ein Tränensammler?
Ja, Gott ist schmerzempfindlich.
Wo die schmerzempfindlichste Stelle ist, da ist Gott.
Die Empfindlichkeit Gottes ist es, die oft im Denken über Gott übersehen wird.
„Meine Tränen hebst du bei dir auf."

Wolfgang Dietrich

ERBARME DICH

Erbarme dich
Herr
meiner Leere

Schenk mir
das Wort
das eine Welt
erschafft

Rose Ausländer

In einem Meer von Tränen
Versinke ich
Mein Gott.
In einen Abgrund von Trauer
Falle ich
Mein Gott.
Und ich hoffe,
dass auf dem Boden des Meeres
das Leben ist
und in der Tiefe des Abgrundes
Du selbst,
der alle Toten lebendig macht
mein Gott.

Anton Rotzetter

GEBET IN TRAUER

Herr, du weißt, wie traurig ich bin.
Es ist, als ob ich den Boden unter den Füßen verliere.
Wer kann mir noch helfen?
Was ich liebe, ist mir genommen,
das tut weh, sehr weh.
Ich möchte lernen,
in dieser schweren Zeit
auf dich zu vertrauen.
Ich glaube daran,
dass du für uns Menschen
Wege offen hältst,
wenn wir unsere Lebensgrenzen durchschreiten.
Herr, es ist so leer geworden um mich her.
Woran soll ich mich halten?
Ich schäme mich meiner Trauer
Und meiner Tränen nicht.
Schenke mir heilende Kraft in
Der Trauer und in den Tränen.
Schenke mir den Glauben,
dass wir im Gebet verbunden sind.
Bewahre uns vor dem Vergessen,
auch über den Tod hinaus.

Ich bin so traurig, Herr,
ich fühle mich aber dennoch geborgen in dir.
Hab' Dank für diese Geborgenheit.

Hans Jürgen Milchner

Jeder Tag ist grau, Gott,
am Morgen will ich nicht aufstehen,
alles ist mir gleichgültig,
Lust und Freude sind mir fremd geworden.

Jeder Tag ist eine Anstrengung, Gott,
mit Mühe verberge ich die Tränen,
alles fällt mir schwer,
was soll ich noch in diesem Leben?

Jeder Tag ist von dir. Gott,
du legst ihn mir vor die Füße,
du willst dass ich gehe.
Hilf mir – Schritt für Schritt.

Ulrike Wagner- Rau

Wenn die Tage ihr Licht verlieren
Und die Trauer dich unter sich begräbt,
dann wünsche ich dir,
dass einer da ist, dem du
deine Dunkelheit sagen kannst,
der den Weg durch die vielen warum
geduldig mit dir geht
und deine Angst nicht hinwegredet.

Ich wünsch dir einen Ort,
wo du weinen kannst

VerfasserIn unbekannt

Ich steh vor dir mit leeren Händen, Herr;
fremd wie dein Name sind mir deine Wege.
Seite Menschen leben, rufen sie nach Gott;
mein Lost ist Tod, hast du nicht andern Segen?
Bist du der Gott, der Zukunft mir verheißt?
Ich möchte glauben, komm mir doch entgegen.

Von Zweifeln ist mein Leben übermannt,
mein Unvermögen hält mich ganz gefangen.
Hast du mit Namen mich in deine Hand,
in dein Erbarmen fest mich eingeschrieben?
Nimmst du mich auf in dein gelobtes Land?
Werd ich dich noch mit neuen Augen sehen?

Sprich du das Wort, das tröstet und befreit
und das mich führt in deinen großen Frieden.
Schließ auf das Land, das keine Grenzen kennt,
und lass mich unter deinen Kindern leben.
Sei du mein täglich Brot, so wahr du lebst.
Du bis mein Atem, wenn ich zu dir bete.

Lothar Zenetti

Gott walte über deine Trauer,
dass sie dein Leben nicht zerstöre.
Er segne deinen Schmerz
über das Verlorene
und lasse ihn zum Dank werden
für das, was er dir einmal schenkte.

Er erhalte in dir die Erinnerung
an gute Stunden der Vergangenheit,
dass sie ein Licht werden
in deiner Trauer.

Gott tröste dich in deinem Kummer
und schenke dir die Hoffnung
und die Zuversicht,
dass er bei dir ist
gerade im Dunkel.

Wilma Klevinghaus

AUFHEBUNG

Sein Unglück
ausatmen können

tief ausatmen
so dass man wieder
einatmen kann

Und vielleicht auch sein Unglück
sagen können
in Worten
in wirklichen Worten
die zusammenhängen
und Sinn haben
und die man selbst noch
verstehen kann
und die vielleicht sogar
irgendwer sonst versteht
oder verstehen könnte

und weinen können

Das wäre schon
fast wieder
Glück

Erich Fried

IM SCHATTEN DER ANGST DER HOFFNUNG TRAUEN

im Nicht-mehr
und Noch-nicht
zwischen gestern und morgen
das Heute bejahen

machtlos zulassen
dass ich nicht leisten muss
was ich nicht kann

aufhören mir zu beweisen
dass ich es doch könnte

Grenzen spüren
und ihnen erlauben zu sein

ahnen dass die Zerrissenheit
mich öffnet für Neues

der Angst vor Schwäche und Versagen
offen ins Auge sehen

die verheißungsvolle Zukunft
nicht mit Befürchtungen erschlagen

Schritt für Schritt suchen
und suchen und weitergehen

mich von Gottes Zumutungen
wandeln lassen

wachsam sein
für sein alltägliches
Ich-bin-für-dich-da

Im Schatten der Angst
der Hoffnung trauen
und mich Tag für Tag
entscheiden fürs Leben

Almut Haneberg

IDEE DES TAGES

Lass mich heute Lichtstrahlen suchen,
die meinen Alltag erhellen
und mir deine Nähe zeigen.
Diese Lichtstrahlen können zum Beispiel sein.
Das lächeln oder die Umarmung
Eines lieben Menschen,
ein freundliches Wort;
der frühlingshafte Sonnenstrahl,
der durch mein Fenster fällt …

VerfasserIn unbekannt

Schick mir keinen Engel
der alle Dunkelheit bannt
aber einen
der mir ein Licht anzündet

schick mir keinen Engel
der alle Antworten kennt
aber einen
der mit mir die Fragen aushält

schick mir keinen Engel
der allen Schmerz wegzaubert
aber einen
der mit mir Leiden aushält

schick mir keinen Engel
der mich über die Schwelle trägt
aber einen
der in dunkler Stunde noch flüstert
fürchte dich nicht.

Elisabeth Bernet

Herr Jesus Christus,
Du bist immer unter uns.
Du begleitest uns …
Selbst in den dunklen Nächten
Bist du bei uns,
wenn alles uns zurückhalten will,
den Schritt vom Zweifel zum Glauben zu tun,
den Schritt vom Vertrauen , zur Hingabe an Dich.
Christus wir loben dich:
In der Tiefe unseres Zweifels erwartest Du uns
mit brennendem
Vertrauen.

Frère Roger, Taizé

Leiden, das nicht das Weh
Eines anderen einschließt,
verbreitet in uns eine
gefährliche Einsamkeit.
Vielleicht findest du einen
Menschen, der mit dir den Weg
Sucht zu deiner verlorenen
Insel in dir.
Er kann deinen Schmerz
Nicht tragen für dich,
dein Leid nicht verwandeln
in Kraft – das wird deine
lebenslange Aufgabe sein –
aber er kann dein Zittern
In seine warmen Hände nehmen.

Charlotte Knöpfli-Widmer

DIE WARNUNG

Ein junger Mann wurde von einem schweren Schicksal getroffen, und er kam in großes seelisches Elend.

Mit der Zeit begann er sich zu bemitleiden, ja, er quälte sich selbst, um sich bemitleiden zu können.

Obwohl er wusste, dass sein herbeigeführtes Martyrium gefährlich war, gefiel er sich darin je länger je mehr.

Da besuchte ihn eines Tages der Schmerz, der ganz gewöhnliche, gemeine körperliche Schmerz.

Er kam unangemeldet; unhöflich und ohne anzuklopfen setzte er sich in seinen Kopf, in die Gelenke, in den Bauch, in die Füße und wo es ihm gerade passte.

„Halt", sagte der junge Mann. „was willst du, ich habe dich nicht gerufen."

„Nicht gerufen", lachte der Schmerz, „solange du mit deiner Seele nicht vernünftiger umgehst, solange hüpfe und kratze ich in dir herum."

Als der Mann zur Besinnung kam, verabschiedete sich der Schmerz und sagte: „Du bist noch einmal davongekommen."

Charlotte Knöpfli-Widmer

Es sagt sich so leicht: „Die Zeit heilt alle Wunden.“ Aber der Satz stimmt so nicht. Die Wunde kann sich nur schließen, wenn wir unseren Beitrag dazu leisten: wenn wir die Zeit nutzen, um Abschied zu nehmen, wenn wir trauern, solange es notwendig ist, und uns schließlich dem Leben neu öffnen.

Petra Gaidetzka

Im
Dunkel
glüht der
Funke
Hoffnung

TROST

Eigentlich kann man gar nicht trösten
Man kann nicht ungeschehen machen, was war oder ist
Eigentlich kann man gar nicht trösten
Nicht mit Verharmlosungen
Nicht mit Beschwichtigungen
Nicht mit Versprechen oder dem Ausblick auf ein anderes Morgen

Das hat schon als Kind nicht funktioniert
Oder der Lutscher im Mund schmeckte nach (Selbst-) Verrat.
Möglicherweise ist das Einzige, was eine Ahnung eines Trostes in sich trägt ein
einfaches, aber gelebtes
„Ich bin bei dir“

Andrea Abele

Manchmal hilft es, sich daran zu erinnern, dass der Grund für unsere Trauer um einen geliebten Menschen der ist, dass wir fähig waren zu lieben. Wenn wir niemals geliebt hätten, dann würden wir keine Bindung kennen, die stark oder tief genug wäre, um uns Schmerz zu bereiten. Deshalb können wir die Trauer als Beweis unserer Fähigkeit betrachten jemand anderen zu lieben und mit ihm verbunden zu sein. Es bedeutet, dass wir imstande sind, einem Menschen nahe zu sein, Zärtlichkeit für ihn zu empfinden, Gefühle und Kraft in zu investieren. Diese Gefühle und Kräfte sind es, die uns jetzt Schmerz verursachen, die in die Leere eindringen, die der Tod des geliebten Menschen hinterlassen hat.

Carol Staudacher

BITTE

Wir werden eingetaucht
und mit den Wassern der Sintflut gewaschen
wir werden durchnässt
bis auf die Herzhaut

Der Wunsch nach der Landschaft
diesseits der Tränengrenze
taugt nicht
der Wunsch, den Blütenfrühling zu halten
der Wunsch, verschont zu bleiben
taugt nicht.

Es taugt die Bitte
dass bei Sonnenaufgang die Taube
den Zweig vom Ölbaum bringe.
Dass die Frucht so bunt wie die Blüte sei,
dass noch die Blätter der Rose am Boden
eine leuchtende Krone bilden

Und dass wir aus der Flut
dass wir aus der Löwengrube und dem feurigen
Ofen
immer versehrter und immer heiler
stets von neuem
zu uns selbst
entlassen werden.

Hilde Domin

WO DU RUHST

In den Bäumen
Die Nester der Vögel
Zu Deinen Häupten
Gesang bis fast
In den Winter
Die Blätter
Decken dich zu
Kahl sind die Bäume
Deutlich erkennbar
Die Nester
Wir sehen nicht weit
Aber zu Deinen
Häupten die
Lieder
der Vögel

Ju Sobing

AUSGEBREITET

Am Rande des Waldweges
lag er am Boden:
ein Schmetterling
mit ausgebreiteten Flügeln
orange, braun gepunktet, reglos;
seinen Leib zehrten die Ameisen auf –
aber es blieben die beiden Flügel
aufgeschlagen
wie die Seiten eines Buches
und ich las darinnen:
im Tod breiten wir die Flügel aus.

Erich Puchta

GEH

und wasche deine Augen
wenn die Nacht
ihr dunkles Tuch
um deine Sorgen
geschlungen hält
Geh
und wasche deine Augen
mit Licht
mit dem Licht
des neuen Tages.

Isabella Schneider

Jeder Tag ist ein neuer Anfang.

Thomas S. Eliot

DIE BOTSCHAFT DER GRAUEN TAGE

Es kommt
wie es kommen will
ungefragt
und mit leichtem Schritt
geht
und kommt
immer wieder
das Licht.

Isabella Schneider

Traurigkeit leben
entscheid ich für heute
heute nur will ich
zulassen
hinwegschwimmen
ans andere Ufer.
Untergehen.

Morgen will ich
die Last auf mich nehmen
weiterwandern
einen Schritt um den anderen
mich beugen
leicht mich machen
unter der Bürde.

Einmal wird Ankunft sein
Trauer und Freude
eins und dasselbe.

Margret Roeckner

Glaube nicht,
die Last auf deinen Schultern
wird dir zu schwer.
Glaube nicht,
du wärst zu schwach,
die Lasten der anderen auch noch mitzutragen.
Du wirst dich wundern,
wie stark
du trotz deiner Schwäche bist.

Heidi Kolberg

heißt, mit Verlusterfahrungen umgehen können und nicht daran zu zerbrechen

Verlieren macht keinen Spaß. Verlieren ist nicht sexy. Wer will schon gerner zu den Verlierern gehören? Wer in eine Suchmaschine im Internet das Stichwort „verlieren" eingibt, kann solche und ähnliche Sätze in Internet-Tagebüchern finden.

Dabei, so denke ich mir, ist es gerade der Umgang mit Verlusten, den wir lernen müssen. Unser Leben ist ja voll davon: es beginnt mit dem verlorenen Zahn, dem verlorenen Schlüsselbund, einer verlorenen Wette. Und endet bei Verlusten ganz anderer Art: dem Verlust der Gesundheit, dem Verlust des Vermögens, dem Verlust des Lebenspartners. Leben heißt nicht zuletzt, mit Verlusterfahrungen umgehen können und daran nicht zu zerbrechen.

Imre Kertesz, der ungarische Schriftsteller und einstige KZ-Häftling, erzählte dazu folgende Geschichte: Der einzige Überlebende eines Schiffunglückes wird an den Strand einer unbewohnten Insel gespült. Tag für Tag hält er Ausschau nach Rettung. Immer vergeblich. Schließlich baut er für sich und seine wenige Habseligkeiten eine kleine

Hütte aus Holz. Eines Tages aber geht seine Hütte in Flammen auf. Nun hat er endgültig alles verloren. Er schreit und klagt vor Zorn und Verzweiflung. Am nächsten Morgen hört er das Geschrei eines Motorbootes. Er springt auf – und tatsächlich, man will ihn retten.

„Woher wusstet ihr, dass ich hier bin?", fragte er glückstaumelnd seine Retter. „Wir haben die Rauchsignale gesehen, die über der brennenden Hütte aufstiegen", war die Antwort.

Eine merkwürdige Paradoxie ist das! Was den Schiffbrüchigen endgültig umzubringen scheint, wird zum Beginn seiner Rettung. Wo er mit seiner Weisheit am Ende ist, kommt die erlösende Hilfe.

Mir fällt dazu das jüdische Psalmgebet ein, das Johann Brahms in seinem Requiem an herausragender Stelle platziert und in Musik umsetzt:: Wenn der Herr die Gefangenen Zions erlösen wird, so werden wir sein wie die Träumenden, dann wird unser Mund voll Lachenssein … Die mit Tränen säen, werden mit Freuden ernten."

Die Klage über die verlustreiche Bilanz eines jeden Menschenlebens wird durchbrochen mit dem Hinweis, dass Gottes Weisheit noch lange nicht verbraucht ist, wenn Menschen mit ihrer Weisheit am Ende sind. Manchmal ist es der Rauch, der über einem Lebensprojekt aufsteigt, der andere zu Hilfe ruft und Rettung bringt.

Klaus Nagorni

Ich gebe mich
in deine Hand –
es geschehe, wie Du willst –

wie Du willst –
dennoch bitte ich:
Hilf mir!
Lass mich nicht allein,
hilf mir, meine Last zu tragen
und meine Trauer und mein Leid.

VerfasserIn unbekannt

Wirf alle Last und Sorge auf Ihn –
auf Gott,
Überantworte
dein Leid, deine Not
der Macht,
die größer ist als du.

nach 1. Petrusbrief 5,7

Wir kommen und gehen
Wolken im Wind
wer kann es verstehen
wozu wir sind?

Wir kommen und gehen
Spuren im Sand
die Spuren verwehen
keinem bekannt

Wir gehen und wandern
wer treibt uns voran
von einem um andern
wer zieht uns an?

Wir gehen und hoffen
gegen den Schein
die Zukunft ist offen
sind wir nicht sein?

Lothar Zenetti

GIB NICHT AUF

Im Dunkel
glüht der Funke Hoffnung,
immer wieder auf´s Neue entfacht
erlischt er nicht.
Solange er glüht,
Einer da ist, wacht,
wächst gegen alle Verzagtheit
die Hoffnung,
Wächst über alles Dunkel hinaus.
Glaube daran, hab´ Mut,
der Funke wird zur Glut.
Gib nicht auf.

Carola Merkel

Gib uns die Kraft zurück,
die wir aufgebraucht haben.
Gib uns die Freude am Leben zurück.
Wir sind so leer.
Lass uns Atem schöpfen, Gott,
von deinem Atem.
Gib uns wieder das rechte Wort,
das wir verloren haben,
Gib uns wieder ein Ziel.
Wir sind so leer.
Lass uns Atem schöpfen, Gott,
von deinem Atem.

Bernhard Lang

Am schwersten fällt mir die Trennung, Abschied ist immer schmerzlich, selbst wenn es nur für kurze Zeit ist. Ich empfinde es wie eine Amputation. Ein Glied wird ausgerissen, ohne das ich nicht leben kann. Und dennoch, ist es einmal geschehen, entdecke ich in der Einsamkeit etwas unglaublich Kostbares. Das Leben flutet reicher, intensiver, voller in die Leere zurück.

Anne Morrow Lindbergh

ZUVERSICHT:

Das Morgen erwarten
ohne Angst –
Wege beschreiten
ohne Sorge wann
und wie sie enden werden –
Aufgaben anpacken
ohne Erschrecken
vor den Schwierigkeiten
die kommen könnten –

Im Dunkel schon hoffen
auf das Licht –
Im Weinen sich schon freuen
auf das Lachen –
In der Irre nicht zweifeln
am Ziel –

Nicht wissen
aber gewiss sein –
Ohne Beweise
sich weisen lassen –
Fallen
in Erwartung des Netzes –

ruhig schlafen
mitten im Sturm
und aufwachen
und weitergehen
getrost

Wilma Klevinghaus

VERWANDLUNG

Das Schöne muss erlitten werden,
glaube an den Himmel
nach allem Leid.
Das Welke muss in der Erde sterben,
erblühet dir neu zur Frühlingszeit.

Carola Merkel

REQUIEM I
MEINER MUTTER

Aber sie war größer als ihr Sterben.
Ihre armen abschiedlosen Erben
wussten noch nicht, was sie hinterließ,
bis aus ihrer durchsichtigen Gabe
trotz der Undurchdringlichkeit im Grabe
jäh ihr Bild erstrahlte und der Platz
war hinfort ein unerhörter Schatz.
Ihr Erscheinen hing als ein Geschmeide
in der Luft – und wurde Trauerfreude.

Rose Ausländer

JENSEITS I

Wir werden uns
wieder finden

du wirst
die begonnenen Worte
zu Ende dichten

Sprüche
für Hörende
jenseits aller Grenzen.

Rose Ausländer

GOTT

Gott ist
in allem Sein,
ist Frucht
und Keim
und Tag
und Nacht,
Gedanke,
immer schon
gedacht.

Gott ist
Berührung
und Licht,
ein geliebtes
Gesicht
ist Mensch
und Ort.
Er ist
das Wort.

Gott ist
die Hand,
die mich hält,
wenn Angst
mich befällt,

der Freund
im Krankenzimmer,
er ist
der Hoffnungsschimmer.

Gott ist
die Wurzel,
die treibt,
auch in
der Dunkelheit.
Er ist
das Gute,
das siegt.
Gott gibt.

Und wenn
mein Herz
Sich verirrt
und zweifelt
am Sinn,,
ist er es,
der sagt:
Ich bin.

Claudia Binzberger

DASS DIR DIE FREUDE WIEDER BLÜHEN MÖGE!

Wie lange habe ich das Wort Freude nicht mehr gehört,
wie lange war es aus meinem Leben verbannt!
Wie konnt´ ich so lange ohne Freude leben,
ohne Freude über den Sonnenaufgang,
dein täglich neu zu entdeckendes Gesicht!
Wenn unsere Hingabe die Fesseln nicht sprengt,
in die uns unser Kleinmut schlägt,
sind wir getrennt von der Fülle, Fahnenflüchtige der Erde,
nicht mehr für das Wagnis bereit,
uns zu ihrer Herrlichkeit zu bekennen.
Unerschöpflich sind die Anlässe zu dem Funken,
der uns in Brand setzt:
Aus allen Dingen spricht die Freude. Und für alle
Gilt die gleiche Sprache.
Sollten da nur wir Stammelnde sein,
die keine Erwiderung wissen auf die Geisteskraft,
die in den Gestalten wirkt?
Die Zikade, die für das Unmögliche eine Lanze bricht,
lehrt mich die Freude, und ich habe eingestimmt
in ihr Preislied, diese heimliche Quelle,

die unversiegbar bleibt, solange die Erde Früchte spendet,
der Vogel nistet und ihr Feuerrad die Sonnenblume dreht.
Verkettet durch die Freude,
die sie zum Sein erweckt und die von innen glüht
als Unterpfand des Schöpfungskerns,
ist das Samenkorn mit dem Kristall,
der Tau mit dem Edelstein.

Cyrus Ataby

Am Grab

ALLERSEELEN

Mit den verlass´nen Flammen
spielt der Wind.
gelbe und violette Winterastern
blühen
zwischen Herzen aus Irisch-Moos.

Über den Gräbern schwebend
Gedanken, Gebete.
Manche Hügel deckt
Vergessen-Sein.

Wo ist die Heimat der Toten?
Diese armseligen Kammern
können das letzte Wort Gottes
nicht sein.

Christa Peikert-Flaspöhler

Wenn dir jemand erzählt,
dass die Seele mit dem Körper
zusammen vergeht und dass das,
was einmal tot ist, niemals wiederkommt, so sage
ihm:
Die Blume geht zugrunde,
aber der Same bleibt zurück
und liegt vor uns, geheimnisvoll,
wie die Ewigkeit des Lebens.

Khalil Gibran

Unsere Toten, die uns starben, hatten eine Spanne Zeit
zum Lieben, Lachen, Leiden, Nehmen, Geben, Schuldig werden.
Wir gedenken ihrer und wir hoffen, ER hält die Bruchstücke Leben zusammen.
Wenn wir ausatmen, atmet Gott uns ein.

Inschrift zur Plastik `Totengedenken´ von Ernst Igl, in der Kirche St. Severin in Kaitum auf Sylt

Unser Grab:
ein kleiner, ganz feiner
Riß in der faltigen Hand
Unserer großen Mutter.

Ernst Meister

ABSCHIED

Bin ich nicht mehr hier,
so bin ich euch doch nah,
bin Wurzel, Blume oder Stein,
blühend ein Zweig am Hag.

Bin eines Glühwurms Funke,
ein Hauch vom Abendwind,
bin goldene Kante einer Wolke,
die feste Hand von einem Kind.

Bin Atem eines langen Tages,
bin in der Nacht des Mondes Schein,
bin in den Augen, die mich halten,
in euren Herzen will ich sein.

Carola Merkel

AUFERSTEHUNG
(zu Joh. 20,11)

Vor dir
Grab
und Tod

hinter dir
Christus
der Gärtner

Wende
dich um
und schaue

Damit du siehst
was vor dir liegt

und
zurücklassen kannst
Vergangenes

Same
für Künftiges.

Elisabeth Melzer-Geissler

Wir müssen uns vormalen lassen und
Ins Herz bilden, wenn man uns unter
die Erde verscharrt, dass es nicht heißen
muss gestorben und verdorben,
sondern gesät und gepflanzt und dass wir
aufgehen und wachsen sollen in
einem neuen, unvergänglichen und
ungebrechlichen Leben und Wesen.

Martin Luther

Wenn dich plötzlich das starke Gefühl erfasst,
der, den du geliebt hast und liebst, sei dir nahe,
er habe dir ein Zeichen gegeben,
dann lass dich nicht irre machen. Nimm es an.

Ich bin überzeugt, dass es mehr Verbindungen gibt
Zwischen denen drüben und uns hier,
als die meisten von uns heute meinen.

Ich glaube, dass ein Mensch, zu dem wir reden
In der Stunde nach seinem Sterben,
hört, was wir ihm sagen,
und dass die Toten uns Zeichen geben.

Wir brauchen dazu keine besonderen Fähigkeiten.
Wir müssen nur wissen, dass die Wand dünn ist
Zwischen jener Welt und der unseren.

Werden wir uns also wiedersehen?
Unser Auftrag auf dieser Erde ist der,
an Liebe reicher zu werden.
Und ich glaube, dass die Liebe,
die in uns gewachsen ist, nicht verlorengeht.
Ich glaube an ein Finden und Begegnen –
Wie immer es dann geschehen sollte –
Wie hier, so in der anderen Welt.

Jörg Zink

DEIN GRAB IST MIR UNWICHTIG GEWORDEN

Als ich kürzlich den alten Bachweg
entlang ging, kamst du mit mir.
Als im Konzert ein Stuhl neben mir
frei war, saßest du neben mir.
Wie ein hauchdünner Schleier
durchwebst du mich,
kommst mit mir überall hin.
Nur im Lärm entfernst du dich,
oder wenn ich in Eile bin.
Am nächsten bist du,
wenn ich allein bin.
Nur: umarmen kann ich dich nicht mehr.
Glaub mir, das schmerzt!

Charlotte Knöpfli-Widmer

LOSLASSEN.
Letztlich die einzige Lösung

Wir möchten so viel festhalten:
glückliche Stunden, schöne Begegnungen,
die Früchte langer, mühsamer Arbeit.
Schon die Kleinen möchten „haben“
und klammern sich an ihr Spielzeug.
Ist es bei den Großen viel anders?
Und doch müssen wir loslassen:
an jedem Abend das Licht des Tages,
an jedem Morgen die Ruhe der Nacht,
bei jedem Aufbruch ein Zuhause,
bei jeder Enttäuschung eine Hoffnung,
bei jedem Schmerz ein Stück vom Glück.

Wir möchten so viel tun:
Uns und anderen das Leben schön machen,
für eine bessere Zukunft sorgen,
gegen Ungerechtigkeit kämpfen,
in einer kalten Welt Wärme verbreiten.
Aber wir stoßen an Grenzen.
Es kommt anders als wir dachten.
Vertrautes müssen wir aufgeben.
Wir müssen Abschied nehmen,
auch Abschied von Menschen für immer.
Wir müssen loslassen.

Loslassen heißt nicht:
alles laufenlassen, alles gut finden,
resignieren und kapitulieren.
Loslassen heißt: Nicht verkrampfen,
bei aller Spannung wieder entspannen,
bei aller Aufregung wieder zur Ruhe kommen,
bei aller Hektik nicht in Panik geraten.
Loslassen heißt: weggeben,
was ausgedient hat, und hinnehmen,
was wir nicht ändern können.
Loslassen heißt: auf Gutes vertrauen
und Neues auf sich zukommen lassen.

Loslassen ist schwer.
Die Wurzel aller Angst im Leben
Ist die Angst vor dem Tod.
Weil Menschen so am Leben hängen,
bereitet Loslassen soviel Schmerz.
Am Ende unseres Lebens gibt es
Nur eine einzige Lösung:
Alles loslassen, sich fallen lassen
In das Geheimnis eines Gottes,
der uns grenzenlos liebt.
Mut dazu macht uns seine Verheißung:
Wer sein Leben verliert, wird es gewinnen.

Phil Bosmans

Wenn wir von Tod sprechen, dann müssen wir auch von der Trauer sprechen.

Das Trauern um einen Menschen, den wir liebten, ist der Extremfall des Hereinragens des Todes ins Leben und kann uns deshalb am deutlichsten klarmachen, wie sehr der Tod unser Leben verändern kann, wie sehr er unser Selbst- und Weltverständnis aufbricht, wie sehr "abschiedliche Existenz" von uns gefordert wird - und wie weh diese tut.

Der Extremfall zeigt uns aber auch, dass Trennungen, so schwer sie uns fallen, nicht nur Verlust bedeuten, sondern auch Herausforderung zur größtmöglichen Selbstverwirklichung. (...) Aber auch bei unseren alltäglicheren Begegnungen mit dem Tod es scheint mir das Trauern wichtig zu sein.

Wir unterschätzen sonst seine Wichtigkeit und unsere Verletzung.

An der Emotion der Trauer, so paradox es kling, können wir "gesunden", denn sie bewirkt Wandlung.

Wir können den Tod sehen als jene Macht, die uns ständig antreibt, uns zu wandeln.

Verena Kast

NOT-WENDENDES

Was du brauchst
ist nicht viel
Einen Baum
die Luft über den Feldern
ein paar Menschen
mit denen du reden
kannst über
Bücher
über Blumen
über Gott
Ein paar Kartoffeln
geröstet im Herbstfeuer
Einen Schluck Wassers
Wenn es hoch kommt
Salz dazu und
ein Glas Wein
Aber das ist
beinahe schon
zu viel

Ju Sobing

SEGEN DER TRAUERNDEN

Gesegnet seien alle,
die mir jetzt nicht ausweichen.
Dankbar bin ich für jeden, der mir
Einmal zulächelt
Und mir seine Hand reicht,
wenn ich mich verlassen fühle.

Gesegnet seien die,
die mich immer noch besuchen,
obwohl sie Angst haben,
etwas Falsches zu sagen.

Gesegnet seien alle,
die mir erlauben,
von dem Verstorbenen zu sprechen.
Ich möchte meine Erinnerungen
Nicht totschweigen.
Ich suche Menschen,
denen ich mitteilen kann,
was mich bewegt.

Gesegnet seien alle,
die mir zuhören,
auch wenn das, was ich zu sagen habe,
sehr schwer zu ertragen ist.

Gesegnet seien alle,
die mich nicht ändern ollen,
sondern geduldig so annehmen,
wie ich jetzt bin.

Gesegnet seien alle,
die mich trösten
und mir zusichern,,
dass Gott mich nicht verlassen hat.

Marie-Luise Wölfing

VERGANGENHEIT

Ich soll mich von dem lösen, was vergangen ist.
Aber liegt mein Leben nicht hinter mir?

Herr, ich stehe vor dir,
mit dem, was vergangen ist,
mit dem, was heute auf mich wartet,
mit dem, was morgen auf mich zukommen will.
Herr, in meiner Zerrissenheit,
sei du der Eine, in dem sich alles eint.

Angelika Daiker/ Anton Seeberger

Du kannst nicht tiefer fallen als nur in Gottes Hand,
die er zum Heil uns allen barmherzig ausgespannt.
Es münden alle Pfade durch Schicksal, Schuld und Tod
doch ein in Gottes Gnade trotz aller unserer Not.
Wir sind von Gott umgeben auch hier in Raum und Zeit
und werden sein und leben in Gott in Ewigkeit.

Arno Pötzsch

Alles ist
nur
übergang

Man sollte nicht fürchten, dass unsere Kraft nicht hinreichte, irgendeine,
und sei es die nächste und sei es die schrecklichste, Todeserfahrung zu ertragen (…)
Ich will nicht sagen, dass man den Tod lieben soll;
aber man soll das Leben so großmütig, so ohne Rechnen und Auswählen lieben,
dass man unwillkürlich, ihn (des Lebens abgekehrte Hälfte), immerfort mit einbezieht,
ihn mit-liebt (…)
… so hat gewiss das Leben eine uns dauernd abgewandte Seite, die nicht sein Gegenteil
ist, sondern seine Ergänzung zur Vollkommenheit, zur Vollzähligkeit,
zu der wirklichen heilen und vollen Sphäre und Kugel des Seins.
Das Leben sagt immer zugleich: Ja und Nein.
Er, der Tod (…), ist der eigentliche Ja-Sager.
Er sagt nur: Ja. Vor der Ewigkeit.

Rainer Maria Rilke

LASS MICH NICHT OHNE DEINEN ENGEL SEIN

An Tagen wie diesen,
da nie gestillte Sehnsucht
gegen verschlossene Tore hämmert,
da das Zerbrochene stärker schmerzt,
das Heimweh unausweichlich eindringt,
lass mich nicht ohne deinen Engel sein,
denn wehrloser als sonst
findet man die Verlassenheit
und meine Gedanken
irren umher in Vergangenem.
Traurigkeit haftet an jedem Schritt.
Ich lasse geschehen,
was geschehen muss,
aber ich weigere mich,
blind zu werden für die Menschen,
die gleich mir schwer tragen
an der Last dieser Tage.
Ein offenes Herz will ich suchen,
dem ich mein Verstehen
zu schenken vermag,
einen winzig kleinen Stern
unter der endlosen Weite
des Winterhimmels.

Antje Sabine Naegeli

... Und immer wieder öffnet eine Tür
sich unvermutet vor und neben dir.
Durch Licht und Dunkel führen deine Stege.
Oft im Verborgnen liegen deine Wege
Und andre Strecken weit und offen dann.

So manche Schritte hast du schon getan.
Auf manche leichten, manche schweren Stufen
Wird vorwärtsdrängend dich dein Wille rufen.
Doch geht nicht alles nach der Sehnsucht Bild,
nicht alle Träume werden dir erfüllt.

Was aber immer mag geschehen,
soll Gottes Engel dir zur Seite stehen
und Tag und Nacht, jahraus, jahrein
dein Schützer und Begleiter sein

und segnen dich zu jeder Frist,
dass du auch andern Segen bist.

Wilma Klevinghaus

Der Tod ist groß.
Wir sind die Seinen
Lachenden Munds.
Wenn wir uns mitten im Leben meinen,
wagt er zu weinen
mitten in uns.

Rainer Maria Rilke

Wir sind gewohnt, den Tod , etwa durch Krankheit und Unfall,
als Ursache zu sehen, die das Leben beschließt.
Das ist ein Irrtum; es ist vielmehr das Leben, das den Tod herbeiruft, wenn es
in einen neuen Stand eintreten will.

Ernst Jünger

Schenk mir
die Ruhe im Sturm,
die Gelassenheit
im Durcheinander,
das Schweigen im Schwall der Worte,
die Kunst des Wartens in der
Ungeduld,
das Aushalten
in allem Schweren,
das Dableiben
im Davonlaufen wollen,
schenke mir
den Frühling
nach der Brachzeit des Winters.

Carola Merkel

Wenn wir das Leben, Licht, Glück sagen, meinen wir Abdrücke im Sichtbaren, in der gegensätzlichen Welt. Es sind nur Schatten aus Regionen, in denen sich der Gegensatz vereint, und geben nur die Ahnung eines Lebens in Licht und Glück.

Das Leben, das Licht und das Glück müssen einmal zerstört werden. Es sind Krücken der Sinnenwelt. Unser Licht ist nur der Schatten eines anderen Lichtes, unsere Worte sind ein Echo des Wortes jenseits der Zeit. Einmal muss der Sprung gewagt werden.

Ernst Jünger

Jeden Tag
Einen Schritt näher tun
In das dunkle Wunder
Der Unsichtbarkeit
Am Abend in die Nacht gelangen
Am Morgen in den Tag
Die Stille ertasten mit dem Wort
Unwissend
Und nur mir Tränen
Als einziger Habe
Den Ausgang suchend
Der mit dem Leben weiterwandert
Bis ein Horizont Tod heißt.

Nelly Sachs

Alles ist nur Übergang.
Merke wohl die ernsten Worte:
Von der Stunde, von dem Orte
Treibt dich eingepflanzter Drang.
Tod ist Leben, Sterben Pforte.
Alles ist nur Übergang.

Wien, Brückeninschrift

Wenn deine Flügel brechen
und alle Horizonte sich verschließen,
dann gib dich ab,
leg alles in das händelose Halten
und lass dich tragen
von dem Atmen,
das alles Sein umfasst.

Judith Magdalena Kornev-Rietmann

Der Tod ist wie die Liebe
die Verwesentlichung des Menschen.

Zenta Maurina

WANDEL (1942–1944)

Verdorrte Blätter zeigen
uns was der Tod vermag.
Wir kleiden uns in Schweigen
Und düstern mit dem Tag.

Es kreisen schon die Krähen
Um alles was verfällt.
Der Herr lässt es geschehen,
dass nichts zusammenhält.

Und ist es dann geboten,
dass endet was begann,
so flehen wir die Toten
um neuen Wandel an.

Rose Ausländer

Es gibt im Leben ein Gesetz,
dass, wenn sich eine Tür schließt,
eine andere sich auftut.
Die Welt wird größer,
als sie jemals für uns gewesen ist,
das Licht einer anderen Wirklichkeit
liegt über ihr,
und unser Weg fängt noch einmal an.

Jörg Zink

LASS DIE SEELE WACHSEN

Laß, wenn der müde Leib einschläft,
die Seele wachen,
Und wenn der letzte Tag wird
mit mir Abend machen,
So reiß mich aus dem Tal
der Finsternis zu dir!

Andreas Gryphius

Noch niemals ist
ein Mensch so tief gefallen,
als dass er nicht
in Gottes Hände fällt.
Und wenn die Ängste
quälend nagen,
geh ich zu ihm und
lasse fallen
die Sorgen,
mich.
Und der mich hält,
der mich auch
mit meinen Fragen
tragen.

Reinhard Ellsel

WIE WEISSES LEINEN

Die Zeit verrinnen lassen
Wie tropfende Wasserperlen,
Die leise in ein Becken fallen –
Wie weißes Leinen,
Das der Wind
Vor offenem Fenster bläht –
Wie heitere Gedanken,
Die leicht dahin
Über Baumkronen schweben.

Und wissen: du wirst aufgefangen.

Klaus Nargoni

ES GIBT OASEN IN DER WÜSTE

Es gibt
Oasen in der Wüste,
leuchtendes Morgenrot am Ende der Nacht,
Ouellen unter Geröll
und eine Hand, die dich auch in den
dunkelsten Stunden fest hält.

Es gibt
Türen, die sich wieder öffnen,
Worte, die das Schweigen durchbrechen,
Gesten der Versöhnung
und erste Schritte auf dem Weg
zu einem Neuanfang.

Es gibt
Farben des Regenbogens,
Knospen aus trockenen Zweigen,
Trauer, die uns reifen lässt
und ermutigenden Segen
für dich und mich.

Christa Spilling-Nöker

ZUVERSICHT

In deine Sonne treten
und Licht und Wärme finden
zu einem Kinde sagen,
dein Lachen hab ich gern

Im tiefsten Dunkel beten
um Hoffnung zu begründen
nach Tag und Stunde fragen
und nach dem Morgenstern

Auf alle Spuren gehen
um einen Weg zu finden
in alle Blicke schauen
um einem Trost zu sein

Ein Weinen zu verstehen
Und einen Kranz zu binden
Und Einem zu vertrauen
Um allen zu verzeihen

Bernd Kebelmann

AUTORENVERZEICHNIS UND NACHWEISE

Andrea Abele: S. 15, S. 28, S. 50 © bei der Autorin. / **Augustinus:** S. 14, in: Confessiones III, Dreizehn Bücher Bekenntnisse, übertragen von Carl Johann Perl, Paderborn ²1964. / **Cyrus Ataby:** S. 74/75 © beim Autor / **W. H. Auden:** S. 8 © 1976, 1991 by The Estate of W. H. Auden. © der deutschen Übersetzung Pendo Verlag München. / **Rose Ausländer:** S. 32, aus: dies., Und preise die kühlende Liebe der Luft. Gedichte 1983–1987, © S. Fischer Verlag GmbH, Frankfurt am Main 1988, S. 70 und S. 104, aus: dies., Die Erde war ein atlasweißes Feld. Gedichte 1927–1956 © S. Fischer Verlag GmbH, Frankfurt am Main 1985, S. 71 aus: dies., Im Aschenregen die Spur deines Namens. Gedichte und Prosa 1976. © S. Fischer Verlag GmbH, Frankfurt am Main 1984. / **Elisabeth Bernet:** S. 20, S. 42/43 © bei der Autorin. / **Claudia Binzberger:** S. 72/73 © bei der Autorin. / **Phil Bosmans:** S. 86/87 aus: ders., Jedes Herz braucht ein Zuhause © Verlag Herder, Freiburg i. Br. 2007. / **Angelika Daiker/Anton Seeberger:** S. 29, S. 92 aus: dies., Geh ein Wort weiter. Ein Trauerbegleiter für 365 Tage © 2002 Schwabenverlag AG, Ostfildern. / **Wolfgang Dietrich:** S. 32 © Verlag am Eschbach. / **Hilde Domin:** S. 52 f., aus: dies., Gesammelte Gedichte © S. Fischer Verlag GmbH, Frankfurt am Main 1987. / **Reinhard Ellsel:** S. 107 © beim Autor. / **Erich Fried:** S. 39, aus: ders., Beunruhigungen © Verlag Klaus Wagenbach, Berlin 1984. / **Khalil Gibran:** S. 79, aus: ders., Sämtliche Werke, © Patmos Verlag, Düsseldorf. / **Rainer Haak:** S. 18, aus: ders., Trauern heißt neu anfangen, SKV-edition Lahr/Schwarzwald. / **Almut Haneberg:** S. 40/41 © bei der Autorin. / **Hermann Hesse:** S. 12f., aus: ders., Sämtliche Werke, Bd. 10. Die Gedichte, © Suhrkamp Verlag, Frankfurt a. Main 2002. / **Juan Ramón Jiménez:** S. 100, aus: D. Benz, Alles zur rechten Zeit, © Kösel Verlag, München 1997. / **Ernst Jünger:** (1895–1998) S. 99, S. 101. / **Verena Kast:** S. 88 aus: dies., Trauern. Phase und Chancen des psychischen Prozesses, © Kreuz Verlag Stuttgart, 2002. / **Bernd Kebelmann:** S. 16, s. 110 © beim Autor. / **Wilma Klevinghaus:** S. 38, S. 68/69, S. 98 © bei der Autorin. / **Charlotte Knöpfli-Widmer:** S. 45/47, S. 85 © bei der Autorin. / **Heidi Kolberg:** S. 59, in: Ursel Heine /Erhard Domany Wende dich zu mir. Gebete mit Sterbenden © Gütersloher Verlagshaus 1995. **Judith-Magdalena Kornev-Rietmann:** S. 103 © bei der Autorin. / **Bernhard Lang:** S. 66 aus: Gib uns die Sprache wieder. Gebete, © Verlag Katholisches Bibelwerk, Stuttgart 1977. / **Anne Morrow Lindbergh:** S. 67, aus: dies., Muscheln in meiner Hand © 1986, Piper Verlag GmbH München. / **Martin Lu-**

ther: S. 83, aus: Kritische Gesamtausgabe © 2000–2007 Hermann Böhlau Nachf. GmbH & Co. KG, Stuttgart/Weimar/Wien. / **Kurt Marti:** S. 12, aus: Das Gedicht. Zeitschrift für Lyrik, Essay und Kritik Nr. 9 „Himmel und Hölle" © Anton G. Leitner Verlag, Weßling. / **Elisabeth Melzer-Geissler:** S. 82 © bei der Autorin, aus: Wenn der Wind unsere Seele streift, Czernik Verlag 2003. / **Carola Merkel:** S. 65, S. 69, S. 81, S. 100 © bei der Autorin. / **Hans Jürgen Milchner:** S. 34/35 © beim Autor. / **Antje Sabine Naegeli:** S. 24, aus: dies., Du bist nicht allein © Verlag Herder GmbH, Freiburg i. Br. 2001; S. 97 © Verlag am Eschbach. / **Klaus Nagorni:** S. 108 © beim Autor. / **Henri Nouwen:** S. 22, aus: ders., Leben hier und jetzt. Jahreslesebuch, Herder SPEKTRUM, Bd. 5570, © Verlag Herder GmbH, Freiburg i. Br. 2008. / **Christa Peikert-Flaspöhler:** S. 11, S. 78, aus: dies., Füße hast du und Flügel, © Lahn-Verlag, Limburg-Kevelaer, ²1982. / **Arno Pötzsch:** S. 93, in: ders., Im Licht der Ewigkeit. Geistliche Lieder und Gedichte. Gesamtausgabe Leinfelden-Echterdingen: Verlag Junge Gemeinde 2008. / **Erich Puchta:** S. 55 aus: ders., Geborgen unter weitem Himmel. Betrachtungen und Anregungen zum spirituellen Lebensweg © Claudius Verlag, München 2007 / **Margret Roeckner:** S. 58 © bei der Autorin. / **Frère Roger:** S. 44 © Ateliers et Presses de Taizé; F-71250 Taizé-Communauté. / **Anton Rotzetter:** S. 33, aus: ders., Gott, der mich atmen lässt. Gebete, © Verlag Herder, Freiburg i. Br. 2008. / **Gina Ruck-Pauquèt:** S. 9 © bei der Autorin. / **Nelly Sachs:** S. 102, aus: dies., Teile dich Nacht, © Suhrkamp Verlag, Frankfurt am Main 1971. / **Ju Sobing:** S. 54, S. 89 © bei der Autorin. / **Carol Staudacher:** S. 51 aus: dies., Tage der Trauer, Tage der Heilung, Scherz-Verlag 1997 © der engl. Originalausgabe Time to Grieve, Harper Collins. / **Christa Spilling-Nöker:** S. 109 © Verlag am Eschbach. / **Pierre Stutz:** S. 19 und S. 23 © beim Autor, www.pierrestutz.ch. / **Marion von Vlahovits:** S. 26/27 © bei der Autorin. / **Ulrike Wagner-Rau:** S. 35 © bei der Autorin. / **Rudolf Otto Wiemer:** S. 17, aus: ders., Ernstfall © J. F. Steinkopf Verlag GmbH, Stuttgart, 3. Aufl. 1989. / **Marie-Luise Wölfing:** S. 90/91, aus: dies., Hilf mir, ohne mein Kind zu leben © Patmos Verlag Düsseldorf 1992. / **Lothar Zenetti:** S. 37, Ik sta voor U / Ich steh vor dir Dt. Text Lothar Zenetti © Verlag Herder, Freiburg; S. 64: aus: ders., In Seiner Nähe. Texte des Vertrauens (Topos Plus 431) © Matthias Grünewald Verlag, Mainz 2002, S. 148. / **Jörg Zink:** S. 21, S. 25, S. 84, aus: ders., Trauer hat heilende Kraft, Kreuz Verlag Stuttgart 2005; S. 105 © Verlag am Eschbach.